어린이를 위한

세잔
Cézanne

실비아 뤼티만 지음 | 로렌스 사틴 그림
노성두 옮김

다섯수레

지은이 실비아 뤼티만

1969년에 스위스에서 태어났습니다. 베른에서 영어영문학과 미술사를 공부한 뒤
번역가와 언론인, 출판사 대표로 활동하고 있습니다.

그린이 로렌스 사틴

영국에서 태어났습니다. 지금은 독일과 프랑스를 오가며,
많은 어린이 책에 귀엽고 사랑스러운 그림을 그리고 있습니다.

옮긴이 노성두

한국외국어대학교 독일어과를 졸업했습니다. 독일 쾰른대학교에서 서양미술사와 고전고고학을,
이탈리아에서 이탈리아 어문학을 전공한 뒤 박사 학위를 받았습니다. 쓴 책으로는《유혹하는 모나리자》,《보티첼리가 만난 호메로스》,
《천국을 훔친 화가들》,《그리스 미술 이야기》등이 있고,《어린이를 위한 클림트》외에 여러 권을 우리말로 옮겼습니다.

어린이를 위한 세잔

처음 펴낸 날 | 2011년 6월 10일
두 번째 펴낸 날 | 2015년 11월 5일
지은이 | 실비아 뤼티만   그린이 | 로렌스 사틴   옮긴이 | 노성두
펴낸이 | 김태진   펴낸곳 | 다섯수레
등록번호 | 제3-213호   등록일자 | 1988년 10월 13일
주소 | 경기도 파주시 광인사길 193(우 10881)
전화 | (02) 3142-6611(서울 사무소)   팩스 | (02) 3142-6615
홈페이지 | www.daseossure.co.kr

제판·인쇄 | 로얄프로세스

ⓒ 다섯수레, 2011

ISBN 978-89-7478-351-8 74650
ISBN 978-89-7478-332-7(세트)

이 도서의 국립중앙도서관 출판시도서목록(CIP)은 서지정보유통지원시스템 홈페이지(http://seoji.nl.go.kr)와
국가자료공동목록시스템(http://www.nl.go.kr/kolisnet)에서 이용하실 수 있습니다.(CIP제어번호: CIP2011002321)

Cézanne für Kinder

by Sylvia Rüttimann(Text)/Laurence Sartin(Illustrations)

All rights reserved by the proprietor throughout the world
in the case of brief quotations embodied in critical articles or reviews.
Korean Translation Copyright ⓒ 2011 by Daseossure Publishing Co., Seoul.
Copyright ⓒ 2011 by Verlag Carl Ueberreuter Gesellschaft M.B.H.,Vienna(Austria).
This Korean edition was published by arrangement with
Verlag Carl Ueberreuter Gesellschaft M.B.H.
through Bestun Korea Literary Agency Co, Seoul.

이 책의 한국어판 저작권은 베스툰 코리아 출판 에이전시를 통해
저작권자와의 독점 계약으로 도서출판 다섯수레에 있습니다.
저작권법에 의해 한국 내에서 보호를 받는 저작물이므로 무단 전재와 무단 복제를 금합니다.

어린이를 위한
세잔

차례

옮긴이의 말 **4**

정물화 **8**

벨뷔의 풍경 **10**

에스타크의 눈 녹는 풍경 **12**

오래된 물레방앗간 **14**

미술상 앙브루아즈 볼라르 **16**

펠트 모자를 쓴 자화상 **18**

집 안 풍경 **20**

바람의 집 **22**

빨간 소파에 앉은 세잔 부인 **24**

빨간 조끼를 입은 소년 **26**

카드놀이 하는 사람들 **28**

생트 빅투아르 산 **30**

목욕하는 사람들 **32**

폴 세잔의 또 다른 작품들 **34**

폴 세잔의 생애 **39**

옮긴이의 말

현대 미술의 아버지, 세잔

"세잔은 우리 모두의 아버지이다." 파블로 피카소는 이렇게 말했습니다. 또 앙리 마티스는 "세잔은 차라리 신과 같은 존재이다."라고 극찬했지요. 현대 미술의 태동을 알린 거장들이 입을 모아 존경의 마음을 표현한 세잔은 어떤 화가일까요? 도대체 무슨 그림을 그렸기에 현대 미술이 그에게 갚을 수 없는 빚을 지고 있다고 말한 걸까요?

세잔은 그림을 위해 살았던 화가입니다. 곁눈 파는 법 없이 자신이 정한 원칙을 고수하면서 평생 그림을 그렸습니다. 은둔지에서 홀로 자연의 본질을 탐구한 세잔은 가까이 지내는 친구도 없었습니다. 괴팍한 성격의 외톨이 화가 세잔에게는 붓이 유일한 벗이었습니다. 그의 작업 방식은 광기와 집착에 버금갈 정도였습니다. 붓을 쥐면 모델을 꼼짝 못하게 하고 수십 차례, 아니 수백 차례 그리는 것으로 악명이 높았습니다. 그의 아내 오르탕스는 세잔의 노력을 알고 있어 끈기 있게 모델을 서 주었지요. 아내를 그린 초상화는 현재 40여 점이 남아 있습니다.

세잔이 처음부터 그림 공부를 한 것은 아닙니다. 학교를 졸업하자 세잔은 은행가인 아버지의 권유로 엑상프로방스 대학에 입학해서 법학을 전공합니다. 실용 학문인 법학을 공부한 뒤 금융업을 물려받는 것이 그에게 정해진 삶이었습니다. 그러나 세잔은 일상의 구속에 얽매이는 것이 달갑지 않았습니다. 엄격한 아버지에게 법학을 그만두겠다는 말을 하지 못하고 차일피일하던 세잔은 친구인 에밀 졸라의 격려를 받고 화가의 길을 가기로 결심합니다.

훗날 19세기 프랑스 문학을 대표하는 문호로 이름을 떨치게 되는 에밀 졸라는 세잔의 재능을 일찌감치 알아보았습니다. 에밀 졸라는 한발 앞서 파리에 거처를 마련했고, 세잔은 친구 덕분에 스물두 살에 파리로 가게 됩니다.

1860년대의 파리는 예술가들의 천국이었습니다. 파리는 모든 것이 고향인 엑상프로방스와 달랐습니다. 화가가 되려면 가장 먼저 국립 미술학교인 에콜 데 보자르에 입학해야 했습니다. 세잔은 입학시험에 연거푸 떨어졌고, 풀이 죽어 고향으로 발길을 돌립니다. 그 후 세잔은 고향과 파리를 오가며 자신의 길을 찾아갑니다.

파리의 에콜 데 보자르에 합격해 작품을 살롱전에 출품하고 화가의 명성을 쌓는 것이 당시 예술가들이 선망하던 길이었습니다. 그 당시 살롱전에는 앵그르 화파가 주류를 장악하고 있었습니다. 이들은 고전주의 조형 원칙을 철저하게 지키며 밤낮 데생 연습에 몰두했습니다. 앵그르는 데생의 본질은 명료한 윤곽선으로 대상의 형태를 정확히 인식하고 전달하는 것이고, 이것이 미술의 생명이라고 주장했지요.

다른 한편으로 새로운 미술의 가능성을 실험하는 화가들도 있었습니다. 낭만주의의 거장 들라크루아로 대표되는 이들은 데생보다는 색채의 중요성을 강조했습니다. 형태를 규정하는 윤곽선이 이성의 산물이라면 색채는 사랑, 분노, 우정, 질투 같은 여러 감정을 표현할 수 있는 효과적인 수단이라고 본 것이지요.

세잔이 서른한 살 되던 1870년에 프랑스와 프로이센 사이에 전쟁이 일어났습니다. 세잔은 오르탕스와 함께 마르세유 근처의 레스타크로 거처를 옮깁니다. 레스타크 풍경과 아내의 초상을 비롯한 많은 작품이

▲ 에콜 데 보자르의 내부 모습.
세잔은 에콜 데 보자르 입학시험에 두 번이나 떨어지자 고향으로 내려가 아버지의 은행에서 잠시 일하게 됩니다.

이 시기에 그려졌습니다.

두 해 뒤, 전쟁이 끝나자 파리로 돌아간 세잔은 선배 화가인 카미유 피사로의 충고에 따라 밝은 색채를 과감하게 사용하면서 오랫동안 그의 캔버스를 점령하고 있던 어둠을 몰아내기 시작합니다. 자연이 유일한 스승이라는 카미유 피사로의 가르침은 세잔에게 깊은 깨우침을 주었습니다. 또 이즈음 첫아들 폴이 태어나면서 집안에는 웃음꽃이 피었습니다. 세잔의 붓질도 한결 부드럽게 바뀌었습니다.

19세기가 저물어 갈 무렵 파리는 인상주의가 승승장구했습니다. 파리의 카페 게르부아는 젊고 혁신적인 예술가들의 근거지였습니다. 이들은 밤새 어울리며 새로운 시대를 이끌 예술의 가치에 대해 열정적으로 토론했습니다. 그러나 세잔은 떠들썩한 카페 분위기에서 한 걸음 물러나 있었습니다. 세잔은 빛과 대기의 떨림, 센 강의 반짝이는 햇살에 대해 열변을 토하는 친구들의 말에 귀 기울였지만, 그들의 주장에 완전히 동의하지는 않았습니다. 세잔은 자연이란 아주 단단한 구조를 가지고 있어서 뚜렷한 원칙을 가지고 접근해야 한다고 생각했습니다. 계절의 변화나 대기의 변덕스러운 장난과 상관없이 변하지 않는 자연의 본질을 탐구하는 것이 화가의 임무라고 보았던 것이지요. 인상주의 화가들이 자연의 겉모습에 매혹되었다면, 세잔은 자연의 속내에 대한 궁금증을 놓치지 않았습니다.

자연은 원추, 구, 원통으로 환원된다

자연은 끝이 없고, 생명으로 넘쳐나지요. 세잔은 자연을 캔버스에 담고 싶었습니다. 일시적인 자연의 현상을 포착하는 것으로는 충분하지 않습니다. 화가는 자연이 스스로 말할 수 있도록 도와주어야 합니다. 그래서 세잔은 누구도 가르쳐 주지 않은 자신만의 독특한 작업 방식을 개발했습니다.

그의 방식은 이렇습니다. 우선 자연을 오래 관찰하고, 자연의 본질을 이해합니다. 그다음 그림의 구조를 짭니다. 이때 그림의 구조는 자연과 닮아 있습니다. 그러나 자연을 베끼지는 않습니다. 그림을 통해서 자연이 스스로 재창조되어야 하기 때문입니다.

그림 속 자연에 새로운 생명을 불어넣으려는 세잔의 목표는 결코 쉽게 이루어지지 않았습니다. 원근법은 세잔에게 가장 큰 장애였습니다. 원근법은 15세기 르네상스 미술의 발명품입니다. 원근법이 등장하면서 미술은 크게 발전했습니다. 화가들은 평면의 그림 위에 현실을 보는 듯한 실감나는 공간이 펼쳐지는 것을 보고 원근법의 기적에 감탄했습니다. 그러나 400년이 지나도록 원근법에는 조금의 발전도 없었습니다. 19세기의 미술이 15세기의 발명에 더 이상 집착해야 할 이유는 없었지요.

세잔에게는 현실을 있는 그대로 베끼거나 환영주의 효과에 의해 착시를 일으키는 그림을 그리는 것은 아무런 의미가 없었습니다. 그런 것은 사진 기술로도 가능하니까요. 세잔은 사진처럼 정확한 재현에 그치지 않고, 고유의 생명을 지닌 또 하나의 자연을 창조하려는 야심을 굽히지 않았습니다. 사진을 적극적으로 활용한 에드가 드가와 비교한다면 세잔은 사진을 신뢰하지 않는 편이었습니다. 또 원근법뿐 아니라 명암법, 비례 이론도 세잔의 관심 밖이었습니다. 심지어 세잔의 그림에는 광원조차 불분명하기 일쑤입니다. 그림자가 엉뚱하게 붙거나 아예 사라지는 일이 흔하고, 빛의 각도도 일관성을 잃기 일쑤입니다. 그런데도 빈틈없이 견고하게 구성한 것이 신기하기만 합니다. 이것은 오직 색채의 조화와 대비, 깊이와 무게를 사용해서 이루어 낸 성과입니다.

세잔은 누구도 이해하지 못한 자신만의 방식으로 작업했습니다. 작업 속도가 무척 더뎌 그를 방문했던 에밀 베르나르는 '느림의 미학'이라는 말로 세잔에 대한 느낌을 표현했습니다. 과일 정물을 그릴라 치면 접시에 과일을 놓는 데 한나절, 구깃구깃한 탁자 보를 펼치는 데 한나절이 걸렸습니다. 또 과일을 한 알씩 집어서 돌리고 뒤집으면서 빨간색과 노란색, 초록색이 서로 충돌하고 어울리는 것을 비교했습니다. 이윽고 정물의 배치가 끝나면 이번에는 붓을 들 생각도 않고 물끄러미 과일과 캔버스를 번갈아 바라보다가는 갑자기 쿵쿵거리며 작업실 계단을 내려와 절망적인 표정으로 정원을 거닐곤 했습니다.

이해하기 어려우면서도 고집스러운 세잔의 작업 방식은 정물화에만 국한되지 않았습니다. 인물화나 풍속화, 풍경화를 그릴 때도 똑같은 원칙을 고수했습니다. 예를 들어 '카드놀이 하는 사람들'은 세잔이 여러 차례 다룬 주제입니다. 마을 선술집 한구석, 탁자에 둘러앉은 동네 아저씨들이 모자를 눌러쓴 채 카드놀이에 열중하는 장면은 세잔 이전에도 많은 화가가 그렸습니다. 대개 카드 속임수를 쓰거나 서로를 경계하는 미묘한 긴장감이 풍속 화가들의 관심사였지요. 그러나 세잔의 〈카드놀이 하는 사람들〉에서는 등장인물들의 눈빛, 표정, 자세 어디에도 그런 긴장감을 찾아볼 수 없

▲ 엑상프로방스의 아틀리에 내부.
세잔은 파리를 오가며 이곳에서 쉼 없이 그림을 그렸습니다.

습니다. 세잔은 사과를 바구니에 놓는 것처럼 인물들을 탁자 주위에 배치하고, 색채를 밀고 당기면서 구성을 완성합니다. 감정이 완벽하게 배제된 등장인물들은 카드놀이를 하는 사람이 아니라 마치 나무 인형처럼 보입니다.

세잔이 말없이 자신의 길을 가는 동안 비평가들은 그를 조롱하기 바빴습니다. 세잔은 파리에서 비판을 가장 많이 받은 화가였고, 심지어 친구인 에밀 졸라도 불행한 화가의 모습을 다룬 《작품》이라는 소설에서 세잔의 마음을 불편하게 했습니다. 세잔이 세상의 편견으로 고통스러워할 때 모네와 르누아르는 그를 떠나지 않고 위로해 주었습니다. 또 미술상인 볼라르는 세잔의 잠재적 가치를 파악하고 50점을 골라, 1895년 파리에서 전시회를 열어 주었지요. 전시회를 기점으로 세잔의 작업 방식과 예술 세계에 대한 다양한 논의가 시작된 것은 무척 희망적인 일이었습니다.

세잔의 작품을 초상화, 풍경화, 풍속화, 정물화로 구분하는 것은 아무런 의미가 없습니다. 그는 소재를 선택하는 데 차별을 두지 않았기 때문이지요. 대상의 감정, 표정, 개성은 그의 붓을 거치면서 무표정한 색채의 덩어리나 원형적인 형태로 변합니다. 이것은 자연에 대한 끈질긴 관찰과 탐색, 통찰을 통해서 얻은 것입니다. 겉으로 드러난 자연의 현상이 아니라 본질을 꿰뚫어 가장 비밀스러운 창조의 설계도를 훔치려 한 것이지요. 세잔은 자연의 아름다움과 추함의 더께를 걷어내면 모든 형태가 원추, 구, 원통으로 환원된다는 사실을 파악합니다. 그의 그림에 등장하는 바구니에 담긴 사과, 생트 빅투아르 산, 목욕하는 여자는 예외 없이 이 세 가지 원형의 조합으로 이루어집니다. 눈에 보이는 대상을 기초적인 기하학적 형태로 분해한 것은 미술 역사에서 세잔이 처음입니다. 세잔의 기하학적 사고는 피카소와 브라크에 이르러 입체주의 미술로 진화합니다.

1906년 10월 22일 아침, 세잔은 폐렴으로 숨을 거둡니다. 전날 야외에서 그림을 그리다가 오랫동안 비를 맞은 것이 화근이었습니다. 세잔이 숨을 거둔 뒤 수많은 전시가 잇달았습니다. 그의 생애는 영화로 다섯 편 이상 제작되었고, 엑상프로방스에는 오늘날까지 예술의 성지를 찾는 순례자들의 발길이 이어지고 있습니다. 이로써 후대의 미술에 등불을 밝혔지만 시대와는 불화할 수밖에 없었던 불운한 천재 화가의 전설이 비로소 완성된 것입니다.

2011년 6월
노성두

정물화

"마리, 아직 멀었니?" 이건 할머니 목소리야. 현관에서 조바심을 내며 나를 기다리는 중이셔. 한참을 서 계셨던 모양이야.

"다 됐어요." 거울 앞에서 나도 소리쳤어. 할머니랑 시장에 과일을 사러 갈 참이야. 좋은 사과를 고르려면 서둘러야겠지. 사과 쿠키 생각을 하니 벌써부터 침이 고이는걸.

할머니는 세잔 선생님과 오래전부터 친구였대. 화가 세잔 말이야. 이번에 선생님이 새 작업실을 마련했는데, 할머니가 나한테 청소를 도와 드리라는 거야. 그래서 알았다고 시원시원하게 대답했지. 할머니의 부탁이니까.

청소는 나의 주특기야. 전에도 작업실 청소를 해 드린 적이 있는데 청소를 마치고 나서도 작업실에서 나가기가 싫었어. 작업실의 온갖 잡동사니들이 내 발을 붙잡았거든. 캔버스를 놓는 이젤(삼각대), 엄지손가락을 끼울 수 있게 동그란 구멍이 나 있는 팔레트, 그리고 쭈글쭈글한 물감 튜브가 널려 있어서 호기심을 자극했지. 헝겊 조각에는 물감이 지저분하게 말라붙어 있었어. 아마 잘못 칠한 부분을 닦아 내거나 지우는 데 썼던 것 같아. 탁자 위에는 바구니, 과일, 물주전자, 유리병을 잔뜩 올려놓았어. 모두 정물화 소재들이지. 선생님의 정물화에는 해골도 나와. 어때, 으스스하지?

어, 이건 어디서 나왔을까? 코앞에 두고도 못 봤잖아. 달덩이처럼 동그란 항아리네. 끈으로 묶여 있어서 수박처럼 들 수도 있겠어. 그래, 선생님의 정물화에서 똑같은 항아리를 본 적이 있어. 언젠가 엄마가 깨 먹은 항아리하고도 비슷하게 생겼어. 깨질 때 얼마나 소리가 컸던지 깜짝 놀랐던 게 시금도 생각나. 그림 속 항아리는 깨질 염려가 없으니 선생님은 안심해도 되겠어. 정물화를 보고 있으면 내 마음도 평화로워지는 것 같아. 늘 한결같이 변함없는 정물화 속의 풍경이 왠지 안심이 되거든. 그림 속에서는 아무 것도 달아나거나 사라지지 않는다는 것, 그게 나의 위대한 발견이야.

과일 바구니가 있는 정물

1880~90년, 오르세 미술관, 파리

벨뷔의 풍경

시장에 가는 길은 항상 즐거워. 조금 늦었네. 내가 늑장을 부린 탓도 있지만, 할머니 걸음이 워낙 굼떠서 말이야. 더군다나 동네방네 인사를 나누고 참견을 하시니, 시장에는 언제쯤 도착할까? 할머니는 세잔 선생님 이야기를 떠벌리기 좋아하셔. 만나는 사람마다 침을 튀긴다니까? 난 세잔 선생님이라고 부르지만 할머니는 그냥 세잔이라고 말하셔. 어릴 적부터 죽 그렇게 불러 왔다나 뭐라나.

"아가, 이것 보렴. 이게 바로 세잔을 매혹한 풍경이야. 저기 강물도 보이지? 날씨가 맑아서 그런지 풍경이 뽀드득 소리가 날 만큼 깨끗하게 보이네. 시야가 확 트이는 기분이야. 가만 있자, 너랑 벨뷔에 같이 간 적이 있었나? 세잔의 누이가 사는 동네 말이야. 거기서 세잔이 그림을 한 점 보여 주었지. 지금도 어제 일처럼 또렷하게 기억나. 그림 한가운데 커다란 소나무가 하나 불쑥 솟아 있었지. 어깨를 들썩거리는 생트 빅투아르 산 앞쪽으로 집들이 옹기종기 모여서 마을을 이루고 있고, 아치 모양의 다릿기둥들이 그림 허리를 가로지르고 있었어. 그런데 그림 속의 형태들은 윤곽선이 분명하지 않고 약간 모호해 보였어. 마치 한여름 햇살이 뿜어내는 열기에 풍경이 녹아내린 것처럼 말이야."

할머니는 나를 벨뷔에 한 번도 데려가신 적이 없었어. 아마 기억이 가물가물한 모양이야. 그래도 할머니가 무슨 그림을 말씀하신 건지는 알 것 같아. 전에 선생님의 옛날 집이 있던 자 드 부팡에서 그 그림을 본 적이 있거든. 소나무도 기억나. 가운데 있는 소나무의 맨 아래쪽 가지가 너무 이상하게 생겨서 한참을 들여다봤었지. 조금 우스꽝스럽기도 했어. 처음에는 나뭇가지인 줄 몰랐다니까. 가지가 아니고 배경에 나 있는 길을 그린 게 아닐까 싶었지. 그런데 정말 소나무 가지였을까? 할머니한테 오락가락 증세가 옮았나 봐…….

벨뷔에서 바라본 생트 빅투아르 산

1882~85년, 메트로폴리탄 박물관, 뉴욕

에스타크의 눈 녹는 풍경

갑자기 비가 쏟아지네. 웬 변덕이람?

"이놈의 날씨가 세잔하고 똑같네. 개었다가 찌푸리고, 맑았나 싶다가도 비가 퍼부어 대니."

할머니는 자신의 비유가 꽤 재치 있다고 생각하는지 갑자기 목소리가 밝아지셨어.

"대단했지. 젊었을 때 세잔의 성질머리는 누구도 못 당했다니까. 혈기왕성할 때라 그야말로 천하무적이었어. 아니다 싶으면 벌떡 일어서서 누구라도 면박을 주고, 단 하루도 시비가 끊일 날이 없었지. 그림 그릴 때도 마찬가지였어. 넓적한 붓에다 물감을 듬뿍 묻혀서는 캔버스와 몸싸움을 벌이듯이 다짜고짜 달려들었지. 붓은 팽개치고 주걱칼에다 물감을 떠서는 미장공이 시멘트 바르듯이 캔버스에 처덕처덕 바르는 일도 예사였어. 캔버스가 마르고 나서 손가락으로 살살 문질러 보면 울퉁불퉁한 비포장도로 같았다니까. 또 검정색, 갈색 같은 어두운 색을 많이 사용했지. 그래서 세잔의 작품을 보면 마치 억센 기운으로 캔버스를 무지막지하게 제압한 것 같았지. 세잔은 초상화도 많이 그렸어. 세잔의 부모님, 도미니크 삼촌, 친구 에밀 졸라와 화가 아시유의 초상이 남아 있어. 물론 초상화뿐 아니라 신기하고 수수께끼 같은 그림도 많이 그렸지만 뭐니뭐니해도 세잔은 풍경화가 압권이야. 그런데 풍경화는 늦은 나이에 시작했어. 일단 풍경화에 빠지기 시작하자 겨울철 칼바람에도 아랑곳하지 않고 캔버스를 들고 야외로 뛰쳐나갔어. 이건 에스타크의 겨울철 풍경이야. 눈이 언덕을 뒤덮고, 소나무가 듬성듬성 꿋꿋한 자태를 드러내고 있군. 뒤쪽으로는 빨간 집들도 보여. 그런데 하늘을 좀 봐. 습기를 머금은 무거운 구름이 금방이라도 눈발을 뿌릴 것처럼 시골 마을을 짓누르고 있어. 오싹해지는걸. 이럴 땐 재빨리 집으로 돌아가는 게 상책이란다."

에스타크의 눈 녹는 풍경

1870년경, 개인 소장, 취리히

오래된 물레방앗간

할머니가 옛 추억을 더듬는 동안 빗발이 거세지기 시작했어. 한바탕 쏟아부을 모양이야. 마침 가까운 처마 밑으로 피한 덕분에 물에 빠진 생쥐 꼴은 면했지 뭐야. 할머니는 숨이 차신 모양이야. 할머니가 숨을 고르기를 기다린 뒤 궁금했던 걸 여쭈어 보았어.

"세잔 선생님은 내성적인 성격이라고 들었어요. 그렇게 기세등등하고 무지막지한 사람이 아니었다고요. 그리고 그림도 단정하고 밝은 색채가 많던걸요? 붓질이 거칠기는커녕 제가 보기엔 무척 조심스럽고 섬세해 보였어요. 만약 할머니 말씀이 맞다면 젊었을 때와 나중의 선생님 그림이 아주 달라진 거로군요. 근데 왜 그렇게 변한 거죠?"

할머니는 내 질문을 뻔히 알겠다는 듯이 흡족한 미소를 지으며 이렇게 말씀하셨어.

"난들 알겠니? 붓 든 사람 마음이지. 진정한 예술가는 당장의 실패를 두려워하지 않고 어떤 가능성이라도 탐색하는 습성이 있거든. 세잔은 젊었을 적엔 어둡고 칙칙한 그림을 좋아했어. 그런 그림을 그리는 화가들을 스승 삼아 비슷하게 따라 그리곤 했지. 그런 그림이 젊은 혈기에도 맞았나 봐. 그런데 한참 남의 그림을 따라 그리다가 어느 날 갑자기 자신의 길을 찾아야겠다고 결심한 거야. 딱 부러지게 이거다 싶은 게 없었거든. 그러던 참에 선배 화가인 피사로를 만났어. 피사로는 세잔에게 자연을 탐구해 보라고 충고했지. 피사로와 세잔은 의기투합해서 함께 캔버스를 들고 야외로 나가서 자연을 탐구하기 시작했어. 그리고 별것 아닌 무심한 소재들, 이를테면 굽은 길, 낡은 물레방앗간, 드문드문 서 있는 집, 숲, 연못처럼 아무런 느낌도 없이 스쳐보던 소재들을 다시 보게 된 거야. 세잔이 그림에 새롭게 눈을 뜨게 된 순간이었지. 세잔은 아주 정교하게 구성을 다듬기 시작했어. 한 획의 흐트러짐도 없이 모든 선, 색채, 소재를 제자리에 두기 위한 고된 여정을 시작한 거야. 그 뒤부터 평온과 조화, 균형의 흔들리지 않는 가치가 그의 캔버스를 지배하게 되었어."

퐁투아즈 인근 쿨뢰브르 강변의 물레방앗간

1881년, 국립 미술관(쿨투어포룸), 베를린

미술상 앙브루아즈 볼라르

할머니는 잠시 멈추었다가 다시 말씀을 시작하셨어.

"세잔은 풍경화의 구성을 단단하고 견고하게 짜는 데 깊이 몰두했지. 완벽한 그림을 그리는 것은 늘 불가능한 도전이었어. 밤이고 낮이고 캔버스 앞을 떠날 줄 몰랐지. 색 얼룩 하나를 옮길까 말까, 이런 고민으로 밤을 지새우곤 했으니 말 다했지 뭐야. 쇠가죽 저리 가랄 정도로 끈덕진 성격이라니까. 오죽하면 '천하의 고집불통'이라는 별명이 붙었겠어? 아침 여섯 시에 눈을 뜨면 곧장 캔버스 앞으로 달려가. 그러고는 문을 걸어 닫고 '출입 금지'를 선언하면 그대로 하루를 꼴딱 넘기기 일쑤였어."

어느새 비가 멈추었어. 먹장구름도 할머니 말씀에 귀를 쫑긋 기울이고 있었나 봐. 진창이 된 길을 걸으면서 난 할머니의 다음 이야기가 몹시 궁금했어.

할머니의 기억이 정확하다면 세잔 선생님은 불굴의 의지로 자신의 목표를 향해 내달렸던 화가였던 것 같아. 아침 여섯 시에 붓을 들면 하루 종일 엉덩이를 떼지 않았다니까 어지간한 쇠심줄은 옆에 갖다 대기도 어렵겠지. 어쩌다 손님이 오는 날도 있었지만, 아주 드문 일이었지. 나이가 많이 든 다음에는 손님들이 선생님의 작업실에 꽤 몰려들었어. 시간이 아주 오래 걸리긴 했지만 점차 선생님의 작품이 인정받으면서 누구도 따를 수 없는 예술적 명성을 얻었기 때문이지.

선생님의 작업실에 드나드는 손님 중에 볼라르 씨가 있었어. 그는 파리에서 그림 가게를 운영하는 미술상이었어. 일찌감치 선생님의 가치를 알아보고, 시간이 날 때마다 작업실에 들러서 새로 그린 그림들을 둘러보곤 했지. 선생님의 작품을 체계적으로 구입하면서 살림살이에도 큰 도움을 주었어. 그는 화가에게 작품을 사들인 뒤 수집가들에게 팔아 가게를 꾸려 나갔지. 이 초상화의 주인공이 바로 볼라르 씨야.

"할머니, 볼라르 씨가 정말 이렇게 생겼어요?"

초상화를 가리키면서 할머니에게 여쭈어 보았어.

"그럼, 딱 저렇게 생겼단다. 늘 갈색 양복을 입고 진지한 표정을 지으면서 그림을 살펴보곤 했지. 머리가 잘 깎아 놓은 밤톨 같지?"

"밤톨? 정말 그러네요."

할머니와 나는 마주 보면서 배꼽 빠지게 웃었어. 밤톨에 뭉툭한 코가 붙어 있다고 생각하니까 웃음을 도저히 멈출 수 없었어.

앙브루아즈 볼라르의 초상
1899년, 파리시 미술관(프티팔레), 파리

펠트 모자를 쓴 자화상

이 초상화의 주인공은 누굴까? 무뚝뚝한 인상을 보니 미술상은 아닐 거야. 장사를 하려면 무뚝뚝해선 못쓰거든. 이건 세잔 선생님이 자신의 얼굴을 그린 자화상이야. 하루 종일 작업실에 틀어박혀 거울과 씨름하면서 그렸겠지. 캔버스와 거울을 번갈아 보면서 그림을 그리느라 목이 뻐근했을 거야.

선생님의 붓질은 무척 신중했다고 해. 지나치게 까칠한 성격이 붓질에서도 나타난 거지. 극도로 신중하게 소재를 관찰하고, 관찰한 것을 그림으로 옮기며 구성의 조화와 균형을 신경 쓰다 보면 어느새 하루해가 기울곤 했대. 느림보 달팽이가 온몸으로 길을 만들어 나가는 것처럼 선생님도 자신의 길을 묵묵히 찾아 나갔어. 붓질과 색채의 변화가 얼마나 미세했는지 다른 사람들은 그림을 보면서도 어제와 오늘이 어떻게 달라졌는지 눈치채지 못했대.

선생님의 작업실을 드나들면서 두어 차례 그림을 그리고 있는 선생님을 본 적이 있어. 작업실 귀퉁이에 몰래 숨어서 작업을 구경한 거야. 한번은 눈이 서로 마주치기도 했어. 선생님은 어깨 너머로 나를 힐끗 쳐다보셨어. 난 그대로 얼어붙는 것 같았어. 아무도 방해하지 말라고 출입 금지령을 내렸는데, 몰래 들어갔으니 혼이 나도 할 말이 없었을 거야. 그런데 선생님은 전혀 나무라지 않으셨어. 선생님이 무심한 표정이었는지, 찡긋 웃어 보였는지 잘 기억이 안 나. 워낙 정신이 없었나 봐.

선생님은 엄격한 외모와 달리 마음이 따뜻한 분이셨어. 짙은 잿빛 콧수염이 팔자로 입술을 덮고 있어서 웃는 표정이 겉으로 잘 안 보이긴 해도 말이야. 그리고 항상 모자를 눌러쓰고 다니셨지. 이 그림 속의 선생님은 내가 기억하는 모습 그대로야. 펠트 모자를 눌러쓰고 어깨 너머로 흘깃 쳐다보는 눈길이 마치 그때 작업실에서 나와 눈이 마주쳤던 것과 똑같아.

그림을 보고 있으니 "마리, 지금은 그림에 집중해야 해. 나중에 시간을 내어 보자꾸나." 하고 말씀하실 것 같아.

자화상은 화가가 자신의 모습을 그린 그림이야. 대개 거울을 도구로 삼아 그리지. 거울 속에 비친 모습을 캔버스에 옮겨 그리다 보니까 그림은 좌우가 바뀌게 되지. 이건 할머니가 가르쳐 주신 거야. 그렇다면 자화상은 어떻게 감상해야 할까? 거울에 비춰서 다시 좌우를 바꾸는 게 좋을까? 자화상은 감상하기가 쉽지 않은걸!

펠트 모자를 쓴 자화상
1890~94년, 브리지스톤 미술관, 도쿄

집 안 풍경

피아노 치는 소녀
1867~68년, 에르미타슈 미술관, 상트페테르부르크

선생님은 자화상을 즐겨 그렸지만 다른 사람들도 많이 그렸어.

자 드 부팡에 살 때 그린 거실 그림에도 인물들이 등장해. 할머니는 그 당시 선생님의 집안일을 돕고 계셨는데, 할머니를 만나러 갔다가 나도 그 그림을 봤어. 그림 속 거실에 두 명의 여자가 앉아 있어. 한 사람은 피아노를 치고, 다른 사람은 소파에 앉아 뜨개질을 하고 있어.

선생님은 남자가 등장하는 그림도 그렸어. 그림의 주인공은 아주 높은 등받이가 있는 소파에 앉아서 신문을 읽고 있어. 까만 모자를 쓰고 있는 이 남자는 누굴까?

"그건 세잔의 아버지야." 할머니가 입을 떼셨어.

"세잔이 햇병아리였을 때 그린 그림이지. 아버지는 은행가였는데, 세잔에게 제발 얼어 죽을 화가가 되지 말고 그럴듯한 직업을 가져 나중에 아버지의 은행을 물려받으라고 당부했지. 이 그림을 본 아버지는 기가 막혔겠지. 그래도 언짢은 말씀 안 하고 벽에 걸어 두었대. 겉으로 내색은 안 했어도 내심 아들의 재능에 감탄했던 게 틀림없어."

신문을 읽는 세잔의 아버지, 루이 오귀스트 세잔

1866년, 국립 미술관, 워싱턴

바람의 집

세잔 선생님이 자 드 부팡을 떠난 건 안타까운 일이야. 정말 아름다운 곳이었거든. 그곳에 가 본 적이 있는데, 커다란 나무들이 에워싸고 있는 웅장한 저택은 아직도 강한 인상으로 남아 있어. 내가 어렸을 때여서 저택이 더 크고 위압적으로 느껴졌을지도 몰라. 대문에서 현관까지 꽤 멀었던 것 같아. 문을 열면 바로 현관으로 들어가는 그런 집이 아니었어. 밤나무가 늘어선 널찍하고 완만한 길을 따라 올라가다 보면 숲 사이로 파란색이 언뜻언뜻 보였어. 가까이 가서 보니 그건 파랗게 칠한 창턱이었지. 숲길 사이로 저택이 자태를 드러내는 순간 감탄사가 절로 나왔지.

할머니 말씀이, 선생님은 자 드 부팡에서 어린 시절을 보냈대. 그리고 그림을 그리기 시작한 것도 그곳이었어. 아버지의 반대가 심했지만 어머니는 선생님이 그림 공부를 계속할 수 있도록 어깨를 다독여 주며 격려하셨대. 파리에 가서 본격적으로 화가의 길을 갈 수 있도록 뒤를 봐주신 것도 어머니였어. 그러니까 선생님은 어린 나이에 독립을 하게 된 거지.

한적한 시골에서 갑자기 대도시로 터전을 옮겼으니 처음엔 꽤 어리둥절했을 거야. 구름 떼 같은 인파며 번쩍거리는 상품이 넘쳐 나는 상점들에 눈이 휘둥그레졌을 테지. 그러나 고향에 대한 향수 때문이었을까. 선생님은 몇 해 뒤에 파리를 떠나 시골집으로 돌아왔어. 처음엔 잠깐씩 와 있다가 나중엔 아예 짐을 꾸려서 돌아왔지. '바람의 집'이라는 뜻의 자 드 부팡이 예술의 요람이 된 건 그때부터야. 3년 전에 이 저택을 팔면서 선생님은 무척 심란해하셨지.

자 드 부팡에 비할 수는 없지만 할머니도 작은 집이 한 채 있어. 지금 할머니와 난 작고 포근한 집의 부엌에 마주 앉아 오순도순 이야기꽃을 피우는 중이지.

"슬슬 쿠키를 구워 볼까? 그런데 사과가 별로라서 사과 쿠키는 곤란하겠는걸."

그때 마침 할머니의 눈에 배가 들어왔어. 그러자 메뉴가 순식간에 바뀌었어.

"옳지. 배를 넣고 파이를 만드는 게 낫겠네, 안 그래?"

빨간 지붕을 얹은 집

1887~90년, 개인 소장, 미국

빨간 소파에 앉은 세잔 부인

"부인을 처음 만난 게 파리에서였다죠?"

나는 할머니의 입을 쳐다보며 물었어. 할머니는 즐거운 표정으로 말씀을 이으셨지.

"그래, 이름이 오르탕스지. 세잔은 미술학교에서 천생배필을 만났어. 모델로 일하던 처녀를 보고 그 자리에서 넋이 빠진 거지. 세잔과 오르탕스는 곧장 연인이 되어서 알콩달콩 사랑을 키워 나갔대. 내가 파리에 갔을 때 세잔 집에 들렀는데 마침 오르탕스의 초상을 다 그렸다면서 보여 주더구나. 그런데 그 그림을 보는 순간 웃음이 나와서 죽을 뻔했어. 글쎄, 전에 그렸던 아버지의 초상처럼 오르탕스도 똑같이 그려 놓은 거야. 커다란 소파에 파묻힌 것처럼 앉아서 정면을 보고 있는 오르탕스의 모습이 어쩌면 아버지의 초상하고 그렇게 비슷하던지. 소파가 흰색에서 빨간색으로 바뀐 것만 빼고는 거의 같더라니까."

할머니는 파이에 들어갈 배를 깨끗이 씻어서 식탁에 올려 두셨어. 나는 군침을 삼키면서 다음 이야기를 기다렸어.

"오르탕스는 약간 기우뚱한 자세로 앉아 있었어. 두 손을 모아 단정하게 배 위에 얹고, 팔꿈치는 소파 팔걸이에 올리고 있었지. 초록빛이 감도는 옷 위에 연한 파란색 겉옷을 걸쳐 은은하게 빛나는 것 같았어. 아니, 옷만 그런 게 아니라 그림 전체에 은은한 빛이 감돌고 있었지. 색점과 얼룩들이 마치 숨을 쉬고 춤을 추는 것처럼 살아 있었어. 소파, 카펫, 오르탕스의 옷, 얼굴, 머리카락이 다 같이 기쁨의 노래를 부르는 것 같았지. 물론 오르탕스는 가만히 앉아 모델만 하고 있었을 뿐이야. 정적 속에서 가만히 앉아서 말이야. 오르탕스는 그림 속 소파와 한 덩어리처럼 보여. 정물화의 일부처럼 느껴질 정도로 말이야. 그리고 오르탕스의 몽롱한 표정이 그림에 알 수 없는 신비감을 더해 주지."

빨간 소파에 앉은 세잔 부인

1877년경, 보스턴 미술관

빨간 조끼를 입은 소년

"오르탕스도 인내심이 대단했어. 그림 모델을 서느라 엉덩이에 땀띠가 날 지경이어도 싫다는 말을 꺼낸 적이 없었다니까. 초상화 작업이 워낙 재미도 없지만 특히나 세잔이 세월아 네월아 끝낼 줄 모르는 게 문제였지. 온종일 붓과 씨름을 하다가도 뭐가 마음에 안 드는지 이맛살을 한 번 찌푸리면 이튿날도 같은 작업이 계속되는 거야. 미칠 노릇이지. 하루 이틀도 아니고 결국 오르탕스는 파리로 떠나고 말았어. 세잔은 무척 아쉬워했어. 부인 아닌 다른 모델에게 그런 혹독한 요구를 하기는 어려웠으니까. 요즘도 오르탕스가 가끔 작업실을 찾아오지만 모델 일은 요령껏 피하는 것 같더라고. 만만한 모델이 없어진 세잔은 어쩔 수 없이 다른 모델을 구했어. 이 그림은 파리에서 구한 남자 모델을 그린 초상화야. 이탈리아 출신으로, 이름이 미켈란젤로 디 로사였어. 나이는 어리지만 어엿한 미술 아카데미 전속 모델이었대. 세잔은 미켈란젤로에게 농부 옷을 입으라고 했대. 물론 옷차림만 농부지, 실제로 농사는 전혀 안 지어 봤지."

할머니는 목이 마른지 물을 마신 뒤 다시 이야기를 이어 나갔어. 할머니 말에 따르면 선생님은 미켈란젤로의 옷차림이 무척 마음에 들었대. 무엇보다 옷 색깔이 그만이었지. 식탁보가 초록색이니까 균형을 잡아 줄 색으로 빨간색 조끼가 안성맞춤이었던 거야. 짙은 올리브색 커튼이 천장에서 소년의 등 뒤를 지나 바닥까지 드리워져 있어. 배경 색인 셈이지. 배경 색은 소년의 바지 색과 힘겨루기를 하고 있어. 한편 그림 오른쪽은 흰색이 지배하고 있어. 여기에 호흡을 맞추려면 앞쪽에 밝은 색채가 필요해. 그 역할을 하는 게 바로 소년의 흰색 셔츠야. 배경의 넓은 흰색에 비해 셔츠의 크기가 너무 작은 게 문제였어. 세잔은 오랜 고민 끝에 흰색 셔츠의 크기를 키우기로 결심했대. 소년의 오른팔이 기형적으로 보일 만큼 아주 길어진 건 바로 이 때문이야. 모델을 섰던 미켈란젤로는 자신도 모르는 사이에 오른팔이 쭉 늘어나고 말았어. 뭐 어때, 짧은 팔보다는 긴 팔이 쓸모가 있겠지?

빨간 조끼를 입은 소년
1888~90년, 에밀 뷔를르 재단 미술관, 취리히

카드놀이 하는 사람들

"돈을 내고 모델을 구한단 말이에요? 나 같으면 공짜로 모델을 서 드릴 텐데."

내 말투가 조금 과장되게 들렸던지 할머니는 큰 소리로 웃으셨어.

"네가 모델을 선다고? 한 시간도 못 돼서 엉덩이가 들썩일걸?"

할머니 말씀이 틀린 건 아니야. 원래 진득한 성격이 아니거든. 씻어 놓은 배를 가져오려고 일어서려는데 할머니가 그걸 가지고 또 뭐라고 하시는 거야.

"거 봐라. 그새를 못 참고 엉덩이를 들썩거리잖니?"

"쳇, 누가 뭐랬어요? 나도 미켈란젤로처럼 팔이 길게 늘어나면 가만히 앉아서도 배를 집을 수 있을 텐데……."

할머니는 뒷이야기를 해 주셨어.

"꿩 대신 닭이라고 오르탕스가 모델 일을 그만두자 세잔은 주변 사람들 가운데 모델을 찾기 시작했지. 동네 사람들은 세잔의 부탁을 거절하기 어려워서 작업실에 가서 모델을 서곤 했어. 물론 나도 했지. 전문 모델하고는 거리가 멀었지만, 예술을 창조하는 데 한몫한다는 생각에 다들 으쓱한 기분이 들었지. 마리, 너도 성격만 차분하면 얼마든지 모델을 설 수 있어. 또 세잔은 카페나 술집에서도 이따금씩 스케치를 했지. 특히 구석 자리에 혼자 앉아 담뱃대를 물고, 카드놀이를 하는 사람들을 유심히 관찰하곤 했어. 어느 날 카페에서 카드놀이 하는 사람들에게 스케치를 하고 싶은데 자세를 좀 잡아 달라고 부탁했대. 그날 엉겁결에 모델이 되었던 사람들은 저녁밥도 쫄쫄 굶은 채 꼼짝없이 앉아 있어야 했어. 작업이 좀처럼 끝나지 않았거든. 그래도 세잔의 작품에 주인공으로 등장하게 되었으니 대단한 영광이지 뭐야."

카드놀이 하는 사람들

1890~92년, 메트로폴리탄 미술관, 뉴욕

생트 빅투아르 산

아침 여섯 시. 시계처럼 정확한 세잔 선생님이 작업실 문을 열 시간이야. 난 아직 침대에 누워 있지만 아까부터 눈을 뜨고 있었어.

어젯밤에는 할머니가 정말 많은 이야기를 들려주셨어. 선생님의 어린 시절과 친구들에 대해서 말이야. 하룻밤 푹 자고 일어났는데도 조금 전에 들은 이야기처럼 생생하게 기억이 나. 할머니는 요즘 선생님이 풀이 죽은 것 같다며 보기가 애처롭다고 하셨어. 고독한 노인이 되어 버렸다는 거야.

선생님과 어린 시절부터 친구였던 에밀 졸라가 예술가의 삶에 대한 책을 한 권 냈는데, 그 책을 읽은 선생님은 주인공이 바로 자기라고 생각했대. 에밀 졸라는 그 예술가가 실패한다고 줄거리를 잡았는데, 그게 말썽이었어. 그 뒤 선생님은 에밀 졸라와 절교하고 두 번 다시 만나지 않았대. 할머니 말씀으로는 요즘 선생님이 뒤늦게 후회하고 어린 시절의 우정을 되찾고 싶어 하지만 차마 용기가 나지 않는다는 거야.

어린 시절, 선생님과 에밀 졸라는 생트 빅투아르 산에 곧잘 오르곤 했대. 생트 빅투아르 산은 선생님의 그림 소재로 자주 등장하는 유명한 산인데, 우리 동네에서도 아주 가까워. 나무와 숲과 동네의 배경을 멀찍감치 조그맣게 그리기도 하고, 아예 큼직하게 생트 빅투아르 산의 위용을 캔버스에 가득 채우기도 했어. 자신 있게 말하지만 언제 봐도 잘생긴 산이야.

이 그림은 생트 빅투아르 산의 전체 모습을 보여 주는 풍경화야. 산의 형태를 넓은 색면으로 빈틈없이 채웠어. 그래서 마치 유리창을 통해서 산의 전제를 바라보는 느낌이 들지. 난 이런 생각을 해 보았어. 선생님은 생트 빅투아르 산을 그리면서 그곳에 함께 올랐던 친구 에밀 졸라를 생각하는 거라고. 물론 이 그림에 친구의 모습은 보이지 않아. 하지만 선생님의 붓질 속에, 함께 나누었던 어린 시절의 기억 속에, 그리고 그림 속 색면 하나하나에 추억이 살아 있는 게 분명해. 선생님은 산을 그리면서 친구를 그리워한 거야.

레 로브에서 본 생트 빅투아르 산

1902~06년, 넬슨 애트킨스 미술관, 캔자스시티

목욕하는 사람들

목욕하는 여자들
1900~05년, 반스 재단 미술관, 필라델피아 메리언

아까부터 마음이 진정되지 않는 건 왜일까? 일찍 일어나고 일찍 자는 습관은 어디로 갔는지 새벽인데도 좀처럼 잠이 오질 않네. 선생님 작업실에나 가 볼까?

 작업실에 도착해서 보니 문은 열려 있는데 아무 기척이 없어. 기왕 행차를 했는데, 그냥 되돌아갈 수는 없지. 살금살금 들어가 봤더니 못 보던 커다란 캔버스가 하나 눈에 띄었어. 도대체 여자들이 몇 명이야? 일곱, 아니 여덟 명이잖아. 한 명은 가운데 빨간 머리 뒤에 살짝 숨어 있어서 놓칠 뻔했네.

 서 있는 여자, 앉아 있는 여자, 나무에 기대고 있는 여자……. 그런데 하나같이 다 옷을 벗고 있네. 정확히 어딘지는 모르겠지만 물가나 바닷가인 게 분명해. 수건을 하나씩 가진 걸 보니 목욕하려고 모였나 보네. 옳지, 소풍 바구니까지 들고 온 걸 보니 일요일인가 봐.

 어제 작업실 청소할 때는 없었던 그림이 있는 걸 보니, 완성된 작품을 선생님이 어젯밤 늦게 작업실에 옮겨 두신 모양이야. 그림에 안목은 없지만 굉장한

목욕하는 남자들
1875~77년, 오르세 미술관, 파리

그림인 것 같아. 그림 속 여자들 모두 아름다워서 빛이 나는 것 같아. 이건 평범한 동네 아낙네들이 아니라 숲의 요정들이 틀림없어. 샘의 요정일지도 몰라. 숲이나 샘에는 요정들이 산다고 할머니가 그러셨거든. 세잔 선생님은 어릴 적 에밀 졸라와 강에서 헤엄을 치다가 그림 속의 요정들을 만났을 거야. 이런, 늦었네. 선생님이 깨기 전에 얼른 작업실 문을 닫고 집에 가야겠어.

폴 세잔의 또 다른 작품들 노성두 기획·글

〈체리와 복숭아〉 1883~87년, 카운티 미술관, 로스앤젤레스

탁자 위에 과일이 놓여 있습니다. 뒤쪽에는 노란 속을 드러내며 병이 서 있습니다. 접시에 담긴 과일은 세잔이 직접 고르고 배치한 것입니다. 체리가 담긴 접시 밑에는 흰 천이 보입니다. 흰 천은 일부러 구김을 주어 조형성을 잘 살렸습니다.

과일 정물은 부엌 정물 또는 식탁 정물이라는 이름으로도 불립니다. 17세기부터 과일 정물은 지상의 덧없는 삶을 일깨우기 위한 교훈 그림으로 그려졌습니다. 쉽게 마르고 부패하여 악취를 풍기는 과일처럼 빛나는 청춘과 향기로운 젊음도 곧 시들어 죽음에 이르게 된다는 뜻이지요. 과일 정물은 움직이지 않는 대상을 그린다는 점에서 초상화나 역사화보다 쉬운 분야로 여겨졌고, 정물 화가들은 제대로 대우받지 못하는 일이 많았습니다. 그러나 세잔은 사과 한 알로 파리를 정복하겠다는 야심을 품습니다. 하찮은 정물화를 통해서 미술의 혁명을 일으키겠다고 결심한 것이지요.

그림 속 체리에 비해서 복숭아는 크기가 작아 보입니다. 실제 대상의 크기를 비율에 맞게 재현하지 않고, 그림의 내적 논리에 합당한 새로운 비례를 부여했기 때문입니다. 또 체리를 담은 접시는 탁자 위에서 벌떡 일어나려는 것처럼 보입니다. 이런 것은 원근법의 규칙에 어긋날 뿐 아니라 재현 시점의 일관성에서도 벗어납니다. 화가가 눈을 한곳에 고정시키지 않고 이리저리 움직이면서 정물을 관찰한 것 같은 느낌을 주지요. 세잔의 이런 대담한 시도는 피카소와 브라크에게 영향을 주었고, 훗날 입체주의 미술의 탄생에 결정적인 도움을 주게 됩니다.

〈자 드 부팡의 집과 농장〉 1885~87년, 국립 미술관, 프라하

자 드 부팡은 '바람의 집'이라는 뜻입니다. 세잔은 엑상프로방스에 머물 때마다 이곳을 자신의 작업실로 사용했지요. 숲길을 따라서 한참 올라가면 커다란 집에 어울리는 많은 방과 창문들이 자태를 드러냅니다. 세잔은 자연을 오래 관찰하고 그 본질에 대해 깊이 생각했습니다. 시간과 공간의 흐름 속에서도 불변하는 가치를 추구하면서 바위산, 벼랑, 바닷가 언덕에 모여 있는 집들, 겨울 밤나무 숲의 근원적인 형태를 연구했습니다.

자 드 부팡은 노란 외벽과 붉은색 지붕이 특징이지요. 그런데 자 드 부팡의 붉은색 지붕이 약간 찌그러져 보입니다. 색채도 고르지 않습니다. 또 노란색 정면 외벽은 뒤로 기울어져 있습니다. 마치 저택이 햇살을 받으며 기지개를 펴는 것 같습니다. 실제로 저택이 기울어진 것은 아니지만 세잔은 구성의 축을 밀고 당기면서 흔들고 비틀어 댑니다. 자연은 그림 속에 투영되지만, 그림은 보이는 대로의 자연을 베낄 필요가 없으니까요.

〈연회〉 1864~68년, 개인 소장

많은 사람이 연회를 즐기고 있습니다. 하녀들이 시중을 들고, 테라스 위에서 구경꾼들이 연회 장면을 내려다봅니다. 등장인물들의 자세나 표정을 정확히 읽어 낼 수는 없지만, 사치와 향락의 분위기가 전달됩니다.

이 그림은 고전주의 미술의 거장 앵그르가 주장한 선명한 윤곽선이나 명료한 조형성을 전혀 따르고 있지 않습니다. 세잔은 작품의 주제와 형식, 붓질하는 방법에 이르기까지 들라크루아의 낭만주의 전통을 이었습니다. 아카데미 전통을 그대로 따르지 않고 새로운 대안을 찾으려는 노력이 세잔의 마음을 사로잡았기 때문입니다.

이 그림은 세잔의 초기 작품입니다. 그러나 여러 명의 등장인물, 툭 트인 배경 풍경, 개별적 인물의 생김새나 표정을 무시하고 전체적인 구성을 짜는 그림 형식은 여러 단계의 진화를 거쳐서 후기 작품인 '목욕하는 여자들'의 주제에서 되살아나게 됩니다.

〈오베르의 가셰 박사 집〉 1873년경, 오르세 미술관, 파리

세잔은 여러 차례 에콜 데 보자르 입학시험에 떨어지고 거의 혼자서 그림 공부를 했습니다. 그의 성격을 반영하는 것처럼 색채는 무겁고 붓질은 너무 진지해서 옆에서 보기가 딱할 정도였습니다. 그때 세잔에게 예술의 길잡이 역할을 해 준 두 사람이 있었습니다. 화가 피사로와 가셰 박사였습니다. 피사로의 충고에 따라 세잔의 색채는 밝고 자유로워집니다. 또 그의 붓질은 훨씬 부드럽고 생기가 넘치게 되지요.

이 작품은 퐁투아즈의 이웃 마을인 오베르 쉬르 우아즈로 이사를 온 폴 페르낭 가셰 박사의 집을 소재로 하고 있습니다. 가셰 박사는 뛰어난 예술적 감수성으로, 그 당시 별로 주목받지 못하던 혁신적인 아방가르드 미술 운동에 대해 깊은 이해를 보인 인물입니다. 세잔의 가치를 일찌감치 알아보고 격려했습니다.

이 그림에서 전면에 부드럽게 구부러진 길의 음영을 표현하는 방식은 이전에 비해 훨씬 짧고 경쾌한 붓 터치로 이루어져 있습니다. 또 나뭇가지와 구름과 하늘도 유연하게 처리되어 그림의 분위기에 자연스럽게 녹아듭니다.

〈아시유 앙페레르의 초상〉 1867~70년, 오르세 미술관, 파리

아시유 앙페레르는 세잔의 화가 친구입니다. 아카데미 쉬스에서 함께 공부했는데, 평생 평단의 인정을 받지 못하고 가난한 삶을 살았다고 합니다. 난쟁이에다 척추 장애를 가지고 있어 다른 사람들과 잘 어울리지 못했는데, 세잔은 그의 재능을 알아보고 친구가 되었습니다.

꽃무늬가 그려진 흰색 소파에 앉아 있는 아시유 앙페레르는 옆으로 눈길을 돌리고 있습니다. 손과 발은 무기력해 보입니다. 그러나 그의 자세는 곧고 반듯해서 거의 종교화처럼 도식적으로 보입니다.

앞서 세잔은 똑같은 소파에 앉아서 신문을 읽고 있는 아버지의 초상을 그린 적이 있습니다. 그때는 벽에 정물화를 한 점 걸어 놓았고, 뒤쪽으로는 다른 방으로 연결되는 통로를 드러냈습니다. 그러나 이 그림에서는 배경의 성격을 짐작할 수 있는 장치를 모두 생략했습니다. 그림의 소재를 다룰 때 공간을 어떻게 해석해야 하는지 새롭게 탐색해 볼 수 있는 작품입니다.

〈레 로브에서 바라본 생트 빅투아르 산〉
1904~06년, 바젤 미술관, 스위스

생트 빅투아르 산이 짙은 녹음 속에서 파르스름한 존재감을 드러냅니다. 하늘도 산의 일부가 되어 버린 것 같습니다. 세잔은 생트 빅투아르 산을 무척 좋아했습니다. 웅장하고 위엄에 넘치는 산의 모습 때문이 아니라 아무런 감흥도 주지 않는 무덤덤함이 좋았다고 합니다. 생트 빅투아르 산의 한결같은 고요와 변하지 않는 무한의 구조가 그의 마음에 들었던 것이지요.

세잔의 붓은 짧고 단호하지만 무한의 깊이와 무게를 담아내기에 충분합니다. 그림에는 오직 색채의 구획뿐 형태를 구분 짓는 윤곽선은 하나도 보이지 않습니다. 이런 점에서 세잔은 인상주의 화가들과 달랐습니다. 인상주의 화가들은 존재의 본질을 파고들기보다 시시각각 변모하는 현상의 아름다움을 좇았기 때문입니다. 그러나 세잔의 붓질은 손도끼처럼 캔버스를 깎아 냅니다. 세잔은 오직 색채만으로 자연과 교감하는 깊은 만남을 일구어 냈습니다.

〈목욕하는 여자들〉 1900~06년, 개인 소장

'목욕하는 여자들'은 세잔이 말기에 가장 많이 그린 주제입니다. 세잔은 르누아르가 그랬던 것처럼 한 가지 주제를 수없이 반복하는 습관이 있었습니다.

이 작품은 수채화로 그려졌습니다. 유화 작품을 위한 밑그림을 수채화로 그려서 구성을 짜는 것은 흔한 일입니다.

그림 앞쪽에는 강물에 몸을 반쯤 담근 사람들이 보입니다. 여자들인지 남자들인지 알아보기가 쉽지 않습니다. 뒤로는 숲과 하늘이 펼쳐져 있습니다. 네모 상자처럼 나누어진 무대가 펼쳐지는 것 같은 도식적인 공간 구성입니다.

이 작품에서 눈여겨볼 것은 두 가지입니다. 하나는 인체나 숲을 그리면서 연필이나 펜을 전혀 사용하지 않은 것입니다. 세잔은 그림의 구상 단계에서도 윤곽선을 철저하게 배제하고 있습니다. 다른 하나는 화면 전체를 손보면서 동시에 진행하는 방식을 택한 것입니다. 그림에는 중요한 소재와 덜 중요한 소재가 있게 마련입니다. 그러나 세잔은 사람과 숲, 하늘에 이르기까지 전체 화면을 굽어보면서 구석구석의 색채 균형과 형태의 조화를 생각하면서 작업했습니다. 마치 벽돌을 한 장, 한 장 쌓아 올리는 것 같은 건축적인 방식은 세잔의 작품들이 왜 견고하고 체계적인 느낌을 주는지 설명해 줍니다.

폴 세잔의 생애

Cézanne
1839 - 1906

1839년 모자 제조업자에서 은행가로 성공한 루이 오귀스트 세잔의 첫아들로 엑상프로방스에서 태어났습니다.

1852년 에밀 졸라와 함께 중학교에 입학하여 우정을 쌓아 갔습니다. 이후 에밀 졸라는 소설가로 크게 성공했는데, 첫 작품을 친구인 세잔과 장 밥티스트 바유에게 바쳤습니다.

1859년 세잔의 아버지가 자 드 부팡에 저택을 마련했습니다.

1861년 아버지의 권유로 시작한 법학 공부를 중단하고, 파리의 아카데미 쉬스에서 그림 공부를 시작했습니다.

1862년 국립 미술학교인 에콜 데 보자르에 응시했다 떨어졌습니다.

1869년 아카데미 쉬스에서 오르탕스 피케와 만났습니다. 나중에 둘 사이에서 아들이 태어났고, 뒤늦게 아버지에게 허락을 받아 1886년에 결혼식을 올렸습니다. 세잔이 결혼식을 치르고 나서 반년 뒤에 아버지가 돌아가셨습니다.

1872년 인상파 화가 카미유 피사로와 가깝게 지내면서 화풍을 본받았습니다.

1874년 첫 번째 인상파 화가 전시회에 참가했지만 비난과 조롱을 받았습니다.

1882년 공식 살롱전에 전시가 허락되었습니다. 1864년부터 살롱전에 출품했지만 매번 전시를 거부당해 왔습니다.

1886년 친구 에밀 졸라와 사이가 틀어졌고, 아버지가 돌아가시면서 막대한 유산을 물려받았습니다. 오르탕스와 뒤늦게 결혼식을 올렸지만, 얼마 안 돼 별거를 시작했습니다. 세잔의 작업이 인정받기 시작했습니다.

1895년 미술상 앙브루아즈 볼라르가 세잔의 첫 개인전을 열어 주었습니다.

1897년 베를린 국립 미술관에서 공공 기관으로는 처음으로 세잔의 작품 〈퐁투아즈 인근 쿨뢰브르 강변의 물레방앗간〉을 구입했습니다.

1902년 레 로브에 새 작업실을 지어 입주했습니다.

1906년 야외에서 그림을 그리다가 폭우를 만나 쓰러졌고, 며칠 뒤 폐렴으로 사망했습니다.

세계의 명화와 만나는 감동
어린이를 위한 예술가 시리즈

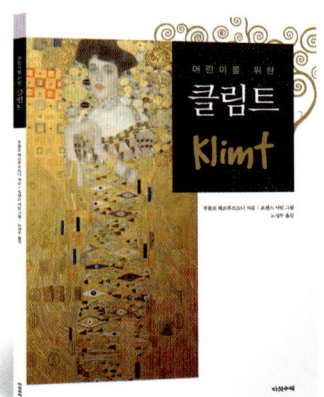

1 어린이를 위한 클림트
루돌프 헤르푸르트너 지음 | 로렌스 사틴 그림 | 노성두 옮김

세기 말 빈에 새로운 예술의 숨결을 불어넣은 클림트의 생애와 그가 남긴 황금빛 그림들이 고양이의 친절한 해설과 함께 펼쳐집니다. 수많은 미술 애호가들을 유혹하는 클림트 예술의 참모습을, 노성두 선생님의 정감 어린 번역으로 만날 수 있습니다.

2 어린이를 위한 반 고흐
실비아 뤼티만 지음 | 로렌스 사틴 그림 | 노성두 옮김

그림을 향한 열정 하나만으로 서른일곱의 생을 살다 간 고흐의 예술 세계를 동생 테오의 기억에 비추어 되짚어 봅니다. 원화에 가깝게 재현한 26점의 작품과 노성두 선생님의 감칠맛 나는 번역, 본문에서 미처 소개하지 못한 또 다른 걸작은 고흐에게 다가가는 의미 있는 걸음이 될 것입니다.

3 어린이를 위한 모네
루돌프 헤르푸르트너 지음 | 로렌스 사틴 그림 | 노성두 옮김

모네가 직접 가꾼 지베르니 정원에 사는 요정들이 모네의 작품 세계로 안내합니다. 그림이 탄생하게 된 배경과 작업 방식, 재미있는 일화까지 담겨 있어, 지루하지 않게 모네의 작품을 감상하고 그 의미를 이해할 수 있습니다. 또한 모네가 평생 추구했던 색과 빛의 조화가 어떻게 결실을 맺었는지 확인할 수 있습니다.

4 어린이를 위한 레오나르도 다 빈치
루돌프 헤르푸르트너 지음 | 로렌스 사틴 그림 | 노성두 옮김

세계 최고의 작품 〈최후의 만찬〉, 〈모나리자〉 같은 명화와 창의력과 상상력이 돋보이는 기계 장치를 감상하다 보면, 창조의 분야를 넘나드는 다 빈치의 천재성에 놀라게 될 것입니다. 날카로운 과학자의 눈과 열정적인 예술가의 눈으로 르네상스를 이끈 그의 그림을 보면서 예술과 학문이 꽃피던 르네상스 시대로 시간 여행을 떠나 보세요.

Cézanne Cézanne Cézanne Cézanne Cézanne Cézanne Cézanne Cézanne Cézanne Cézanne Cé